LES

TROIS PETITES RÉPUBLIQUES

SAINT-MARIN

ANDORRE — MORESNET

ALCAN-LÉVY, IMPRIMEUR
RUE DE LAFAYETTE, 61 ET PASSAGE DES DEUX-SŒURS

LES TROIS

PETITES RÉPUBLIQUES

SAINT-MARIN

ANDORRE — MORESNET

PAR

M. LÉON JAYBERT

AVOCAT

Membre de plusieurs Académies et Sociétés savantes

PARIS

C. H. DURANDIN, LIBRAIRE

GALERIE VIVIENNE, 46

—

1873

CETTE *préface est-elle bien nécessaire à la trilogie républicaine dont nous allons retracer les mœurs, les coutumes et les lois? Non. Mais il faut bien se conformer à l'usage, mieux encore à la politesse, car la préface est le salut de l'auteur au lec-*

teur qu'il espère et qu'il faut bien flatter un peu dans ses goûts, dans ses fantaisies mêmes. Va donc pour une préface; elle sera courte, de peur qu'elle n'amenât l'ennui et ne fît fermer le livre avant d'en avoir coupé les feuillets.

Peu de gens connaissent autrement que de nom la République d'Andorre, et celle de Saint-Marin ; Moresnet est un mot ignoré ailleurs que sur la frontière belge-prussienne.

Eh bien, nous avons voulu révéler cette dernière petite puissance aux regards étonnés de ses plus proches voisins, nos compatriotes, les Français, et exciter en eux le goût des recherches historiques. Que de découvertes encore à faire! Que de leçons à recueillir! Que d'exemples à imiter! Il ne faut qu'avoir le courage de secouer la poussière qui enveloppe les vieilles chartes, et de gratter la façade de quelques monuments.

Andorre et Moresnet ont la plus grande affinité de race, d'habitudes et de travaux.

Deux territoires libres habités par des populations de travailleurs, gens simples et naïfs, qui croient en Dieu, honorent leurs parents, reconnaissent des supérieurs et ne rêvent le renversement d'aucune autorité pour s'y substituer.

Saint-Marin, plus grand seigneur, plus chevaleresque, plus héroïque, *comme l'a si bien caractérisé la femme éminente qui tient le sceptre de la plume parmi nous. Génie grandiose, sublime, initiateur, que nous admirons, mais que nous voudrions étranger à la politique, aux affaires, la plume sied à la délicatesse féminine; la conduite des armées, le sabre, le canon, doivent être maniés par des mains viriles.*

Et, cependant, dans ces trois répu-

bliques si différentes, unanimité de dévouement, de persistance, de courage, pour faire respecter leurs traditions. C'est qu'il est un terrain sur lequel les natures primitives se donnent toujours la main.

Le terrain du droit, de la justice et de la vérité!!

SAINT-MARIN

LA RÉPUBLIQUE

DE

SAINT-MARIN

E petit état neutre, situé au sommet du mont Titan, faisant face à la ville de Rimini et à la mer Adriatique, est un véritable nid d'aigle, car lorsqu'on regarde les ruines de ses trois tours, juchées sur les trois pointes aiguës de la montagne, on se demande s'il est possible qu'on ait pu construire, à cette élévation, qui donne le vertige, des églises, des forteresses et une ville tout entière, ville de peu d'étendue, sans doute, car elle renferme à peine mille à douze cents habitants.

Une pareille construction, qui compte plus de quinze cents années d'existence, ne pouvait être l'ouvrage ordinaire des hommes ; il fallait qu'un grand fait héroïque ou religieux eût présidé à sa naissance. Or, voici la légende bien simple, berceau de cette République, qui possède des patriciens, et qui donne, à ceux qui la servent, des titres et des décorations.

Dioclétien et Maximien, Divins empereurs, ainsi qu'ils se faisaient appeler, se livraient à de cruelles persécutions contre les chrétiens. Le soldat Marinus, de la légion Trajane, et quelques-uns de ses compagnons se déclarèrent chrétiens et s'enfuirent à Rimini. Marinus était tailleur de pierres, et quoique cela *fort éloquent*. Monté sur les cimes escarpées du Titan, où l'on trouve des carrières considérables qui fournissent l'estimé marbre de Saint-Marin, Marinus résolut d'y vivre et d'y mourir dans le recueillement et la prière ; mais Dieu le réservait à d'autres épreuves.

Une femme, *animée de l'esprit de l'enfer* (dit l'annaliste), vint le chercher au milieu de ses rocs presque inaccessibles, et voulut se faire reconnaître pour sa légitime épouse. Repoussée par lui, elle essaya de soulever les populations, déjà avides de la parole du saint homme de la montagne ; mais, enfin, éclairée par la lumière divine, elle avoua son crime, et mourut à Rimini.

Le saint n'était pas encore au terme de ses souffrances : traqué par les magistrats, il se réfugia dans la grotte d'Acquaviva (autour de laquelle est bâti un petit hameau), et traça des limites dans lesquelles il éleva un oratoire. Verissimus, qui s'en prétendait propriétaire, voulut en expulser le saint personnage. Celui-ci, menacé, invoqua le secours du ciel, et son adversaire se vit frappé d'une paralysie instantanée. Sa mère, informée de ce malheur, intercède Marinus; celui-ci demande à Dieu un miracle; le fils est rendu à la santé, et Marinus devient légitime propriétaire du mont Titan, sur lequel il jeta les bases de ce petit état, dont on a toujours respecté l'indépendance.

Voilà le mythe... Voici l'histoire :

Saint Marin, diacre et confesseur de la foi, est le patron et le fondateur de la République que l'on appelait, dans l'origine, forteresse, cité, pays neutre et indépendant.

Indépendant, malgré les fantaisies du cardinal Albéroni, qui voulut l'annexer au domaine de l'Église. *Indépendant*, car le général Bonaparte, vainqueur de l'Italie, affirma cette indépendance en *jurant* la conservation des priviléges et des chartes de ce peuple peu lettré, mais hospitalier et travailleur.

Inutile de raconter ici toutes les convulsions politiques de l'Italie, dont les effets se firent plus ou moins ressentir des habitants paisibles du mont Titan, qui n'est autre que le *Acer mons* de Strabon. Disons pourtant que cette dénomination lui fut appliquée parce qu'on a prétendu que *là* furent écrasés sous les rochers abruptes, les anges révoltés contre la puissance de Dieu !...

Ce pays primitif vivait sous l'empire de ses vieilles coutumes lorsque Boniface VIII affecta des intentions dominatrices ; Saint-Marin résista, et son indépendance fut respectée au moyen d'un don *volontaire*, c'était le mot dont on colorait, à cette époque, la plus odieuse des spoliations.

On profita de cette circonstance pour confier à douze habitants de la République le soin d'élaborer un code complet connu sous le nom de *Liber statutorum communis castri sancti Marini*, c'est-à-dire : « Livre des Statuts de la commune du château de Saint-Marin. »

Le peuple, dit-on, fut consulté en séance solennelle, et adopta cette loi écrite.

Le gouvernement de cet État réside en les mains d'un conseil-souverain-prince, composé de soixante membres, pris dans toutes les classes de la société.

Ce conseil délègue ses pouvoirs à deux de ses membres, qui portent le titre de capitaines-régents, et dont les fonctions, purement gratuites, expirent tous les six mois. L'un s'occupe de la ville, l'autre de la campagne.

Le serment qu'ils prêtent en entrant en fonctions est d'une simplicité admirable : *Ad honorem et statum castri sancti Marini.* « Pour l'honneur et la conservation de la forteresse de Saint-Marin. »

Le nom donné aux chefs de cette République indique assez qu'une organisation toute militaire est et devait être la base de leur indépendance, chacun était soldat et chacun l'est encore.

Mais, comme la population a augmenté, qu'elle se chiffre à peu près aujourd'hui par

18,000 habitants, et qu'elle tient à tout ce qui manifeste extérieurement sa puissance souveraine, qu'en un mot elle est devenue un État, ayant ses représentants officiels auprès des grandes puissances, elle a créé une force militaire en rapport avec son importance.

Elle a voulu que ses présidents, ses capitaines-régents, pris souvent dans les conditions les plus humbles (à l'exemple des États-Unis), eussent autour d'eux un appareil, un entourage, qui, tout en satisfaisant leur légitime orgueil, montrât aux étrangers qu'un État indépendant (si petit soit-il) comprend l'élévation, la dignité du pouvoir.

Ils ont composé une garde noble parfaitement équipée et disciplinée, et qui saurait faire respecter l'indépendance du pays.

A côté de la garde noble est placée la milice. Ces deux corps forment un contingent de 1,290 soldats et sous-officiers, commandés par un commandant général, 17 colonels et 75 officiers de tous grades. Leur uniforme bleu et blanc est pareil à celui des soldats de la Romagne.

Leur corps de musique, composé de quarante et un exécutants, s'est fait entendre à Paris, dans la salle de nos expositions des Champs-Élysées, et a obtenu beaucoup de succès.

Le blason parlant de la République de Saint-Marin consiste en trois tours placées sur les pics des trois montagnes, surmontées de trois jets de flamme.

La salle où se réunit le conseil est garnie, comme celle d'Andorre, de bancs de bois ; seulement, à Saint-Marin, ces bancs sont armoriés de même que l'estrade sur laquelle vont siéger les deux capitaines-régents, présidents nés de toutes les réunions officielles.

Saint-Marin possède une bibliothèque de plus de six mille volumes ; elle provient de dons faits par les États et par les particuliers. L'archiviste de la République, gardien de l'état civil, cumule aussi les fonctions de bibliothécaire. Depuis dix années environ, un courant du désir d'apprendre s'est fortement accentué parmi les San-Marinois.

Un collége, un couvent de franciscains, des capucins, des jésuites forment un ensemble assez complet d'ordres religieux, qui dénote le voisinage de la Rome catholique. Ce sont deux membres du haut clergé étranger qui règlent tout ce qui a trait au culte.

Les San-Marinois savent allier, à la vivacité de leurs croyances, leur ardent amour pour la liberté.

Si l'on pénètre dans l'intérieur d'artisans, on y respire le bien-être et la propreté ; dans les classes plus élevées, on trouve un confortable sans exagération et une cordialité parfaite.

Les emplois offerts aux plus dignes n'excitent pas des ambitions sans mesure ; la plupart, d'ailleurs, s'ennoblissent par leur gratuité.

La fortune n'est pas, à leurs yeux, ce qui

doit donner la considération, et la fonction ne s'élève pas en raison du salaire qui lui est attribué.

Ce sont ces idées vraiment républicaines qui ont maintenu l'indépendance du pays depuis le quatrième siècle de notre ère, date de sa fondation.

Les principaux produits de cette contrée sont, outre les huiles et des vins excellents, quoique un peu capiteux, les bœufs destinés au labour et les élèves de l'espèce porcine.

On y travaille admirablement le corail, la terre argileuse avec laquelle on fait des vases solides et élégants, pour décorer les jardins, les cartes à jouer.

Le terrain, de nature volcanique, renferme des soufrières inexploitées et des eaux thermales.

Par une incroyable bizarrerie que rien n'explique, ce sont des gendarmes étrangers qui sont chargés de la police. Mais, heureusement, ils ont peu l'occasion d'exercer leur ministère ; les crimes et délits sont à peu près inconnus de cette honnête population.

La Rocca, leur ancienne forteresse, à créneaux et machicoulis, est surmontée d'une tour où se trouve le bourdon, qui appelle aux assemblées le conseil souverain.

On remarque, sur le haut du pic, les restes de l'ancienne église fondée par saint Marin, et la tour du *guet,* espèce d'observatoire, comme l'indique son nom. C'est de ce point élevé qu'un chien prévint les San-Marinois d'une tentative dirigée par des brigands, qui voulaient s'emparer de leur capitole, les citoyens volèrent aux armes, précipitèrent les assaillants du haut de leurs rochers, et la République fut sauvée.

L'église actuelle est neuve ; on y expose, le jour des grandes solennités, le crâne du saint fondateur, et l'on conduit les curieux visiter, derrière une des chapelles latérales, les deux lits, en forme de cercueil, qu'occupèrent saint

Marin et son compagnon Léo, qui a enrichi l'Italie d'une de ses plus gracieuses légendes.

La République a, dans ces derniers temps, songé à ses pauvres en bâtissant un hospice et en faisant appel à la charité des indigènes comme des étrangers. Chaque lit représente une dépense annuelle de 150 liv. Toute personne versant 3,000 liv. au trésor de la République est fondateur d'un lit qui porte son nom. Voilà de la bonne et paternelle administration : l'orgueil peut y trouver son compte, mais cet orgueil tourne au profit de l'indigence et du malheur.

La constitution de ce petit État a beaucoup d'analogie avec celle de la République d'Andorre. Ainsi, au premier plan, deux régents, un conseil souverain de soixante membres, un conseil de douze membres élus, concourent à l'évacuation des affaires administratives et contentieuses, et un jurisconsulte étranger, jugeant les questions purement judiciaires, et portant le titre de : *Commissaire de la loi.*

Saint-Marin possède, en outre, dit M. Alfred de Bougy, dans son excellent livre, auquel nous avons fait quelques emprunts : trois secrétaires d'État : un pour l'intérieur, un pour les affaires étrangères et l'autre pour les finances.

Les patriciens forment une classe puissante, tenant un livre d'or, sur lequel on lit les plus grands noms d'Italie et de France. Napoléon Ier, devenu empereur, tint à honneur d'y inscrire son nom. Il est fort difficile d'obtenir cette haute dignité. Le gouvernement de Saint-Marin se montre avare des distinctions qu'il a le droit de donner, car, émanant d'un petit pays, elles seraient sans valeur si on s'en montrait prodigue.

Aussi, lorsque l'attention du gouvernement titanique est appelé sur un étranger, ce n'est qu'après une minutieuse enquête et un vote solennel du grand conseil, rendu à l'unanimité des suffrages, que la décoration de l'ordre du mérite de Saint-Marin est accordée.

On ne compte actuellement, en France, que vingt-sept membres de cet ordre, qui comprend des chevaliers, des officiers, commandeurs et des grand'croix.

Heureux pays où l'ambition la plus grande, au cœur de tous, est de maintenir la liberté, l'indépendance, que chacun de nous devrait considérer comme l'unique gloire et le premier de tous les biens.

ANDORRE

LA RÉPUBLIQUE

D'ANDORRE

L'EXTRÊME limite du département de l'Ariége, et au sortir du dernier village français l'Hospitalet, qui a bien l'air d'une charmante oasis, vous trouvez une route aujourd'hui admirablement tracée entre le col de Puymaurin, au-delà duquel va commencer l'Espagne, et les montagnes de l'Andorre, limite de la petite République de ce nom.

L'Andorre se compose de deux vallées : l'une partant des hauteurs de l'Hospitalet, s'étend à droite, boisée, cultivée sur ses flancs du nord-est au sud-est, sur une largeur de huit lieues de France ; elle porte le nom d'Embalire, de la rivière qui la traverse ; l'autre, commençant aux montagnes d'Auzat (Ariége), se prolonge du nord-est au sud-ouest jusqu'au milieu de la précédente, où se trouve leur point de rencontre ; elle prend le nom d'Ordino, du torrent qui y coule ; elle a quatre lieues de longueur ; elle est relativement plus ouverte que la première.

L'Andorre compte environ sept mille habitants dans toute l'étendue de son territoire, divisé civilement et ecclésiastiquement en six paroisses ou villages, qui ont bien peu acquis depuis leur fondation. Ces villages sont : Andorre, qui a donné son nom à la vallée, San-Julia, Ordino, Encamp, Canillo et la Messana.

Trente-quatre hameaux et quelques habitations isolées forment quarante suffragances et diverses chapelles ; on remarque celle du sanctuaire de Merichel, dédiée à la Vierge, où viennent en pèlerinage, le jour de la fête, un grand nombre d'étrangers et d'Andorrans.

Cette population est peu ou point lettrée, sans rapports suivis avec les nations voisines, et son éducation est complétement agricole. Les petits garçons *seuls* sont admis dans des écoles des plus élémentaires.

Là, pas de luxe d'aucune espèce, des bancs de bois pour siéges, des lits qui ne virent jamais des draps de toile, et l'ignorance la plus absolue de l'utilité d'une serviette pendant le repas, de l'honnêteté dans son acception la plus large, mais pas de sympathie pour les étrangers qui voudraient se fixer dans le pays ; partant ni industrie, ni commerce ; mais l'hospitalité andorranne, à l'égard de l'étranger de passage ou qui se réfugie en Andorre, est digne des temps antiques.

Le gouvernement du pays est confié à un conseil suprême composé de vingt-quatre membres (quatre par paroisse). Ce conseil nomme à l'élection son président et son vice-président. Leurs décisions sont exécutoires sans qu'il soit besoin d'aucune homologation souveraine.

Leurs fonctions sont absolument gratuites.

Cette petite vallée, pressurée, tourmentée par ses voisins, alors qu'elle appartenait à l'Espagne, profita des victoires de Charlemagne dans la Catalogne pour obtenir de ce monarque son indépendance et son érection en République. Ce fut vers l'an 791 que les Andorrans prêtèrent un concours actif et dévoué à ce conquérant, qui défit les Maures dans la vallée de Carol, et c'est pour les récompenser qu'il déclara leur pays neutre, et cette neutralité a été tellement respectée, de tous les temps, qu'en 1794, un détachement de soldats français ayant voulu traverser le pays, le conseil général s'assembla, envoya une députation au général Chalret et qu'aussitôt celui-ci fit rétrograder ses troupes.

Il existe près du village de Saint-Julia une construetion de forme antique située dans une position charmante appelée le Mont-Olivesa, où Charlemagne s'arrêta pendant plusieurs jours, d'après la tradition. On fait également remarquer, près du village d'Ordino, une tour désignée sous le nom de Tour de la Mecque, qui fut bâtie par les Maures.

Cette contrée a peu progressé depuis cette époque, car elle est encore régie par les mêmes coutumes, dont pas une n'est écrite, et l'ordre judiciaire n'y a subi aucun changement, malgré que son existence politique ait éprouvé de nombreuses modifications ; car nous voyons d'abord Louis le Débonnaire, après la prise de Barcelone en 801, et celle de Tarragone en 811, céder à Sisebert, évêque d'Urgel, une partie de ses droits de suzeraineté sur ce pays, puis les successeurs de Sisebert les aliéner, à leur tour, au profit des comtes de Foix; et, enfin, nous les voyons faire retour à la couronne de France par l'héritage que recueille Henri IV.

Aussi toute justice émane, en Andorre, de la France et de l'évêque d'Urgel.

On le voit donc, l'Andorre, placée sous le protectorat de la France et de l'Espagne, est aussi libre, aussi indépendante que les plus grands Etats; et lorsque les ministres de France et d'Espagne, oubliant leur véritable rôle, ont tenté de lui donner des ordres, ils ont essuyé le refus le plus énergique et le plus complet.

La neutralité absolue des vallées est le premier bien de ce pays; aussi les Andorrans ne souffriraient pas qu'on y portât la plus légère atteinte.

Ils demandent volontiers des conseils à leurs voisins de France et d'Espagne, mais ils évinceraient de leur territoire ceux qui voudraient s'immiscer dans leurs affaires, fût-ce même le viguier, pour lequel ils professent le plus profond respect ; il ne faudrait pas remonter à une époque bien reculée de leurs annales pour avoir la preuve éclatante de ce fait !

Les souverains de France, d'un côté, l'évêque d'Urgel, de l'autre, nomment chacun un viguier. Ces viguiers remplissent les plus hautes fonctions de la magistrature. Ils sont aussi les chefs de la force armée, et la haute police rentre dans leurs attributions.

Dans l'ordre judiciaire, leur pouvoir est absolu ; mais il ne touche en rien aux intérêts administratifs du pays, lesquels sont confiés au conseil général des anciens, dont nous avons à parler à un autre point de vue.

Il y a cette différence importante entre les deux viguiers : c'est que le gouvernement français choisit toujours un viguier français, tandis que l'évêque d'Urgel est tenu de prendre le sien parmi les sujets andorrans.

Ce titre et ce nom de viguier dénotent l'ancienneté de ces fonctions, que nous retrouvons, sous le règne des comtes de Toulouse et de Foix, appliqués aux mêmes magistrats. A cette époque, ils étaient indifféremment nommés : viguiers des princes, *vicarii*, lieutenants ou capitaines généraux.

Au-dessous des viguiers est le grand juge d'appel des causes civiles ; ce juge, pris alternativement en France et en Espagne, doit avoir toujours le titre d'avocat ; les bayles, et, enfin, le notaire-greffier, secrétaire et procureur de la vallée, qui remplit toutes les fonctions diverses indiquées par ses titres.

Les viguiers d'Andorre ont un costume de cérémonie qui a subi quelques variations ; ainsi, à l'origine, ils portaient le manteau de velours noir et le chapeau castillan à plumes noires. Aujourd'hui, un frac en drap noir, à col droit, orné de broderies en soie noire représentant des branches d'olivier, avec boutons d'acier ciselés, le chapeau à plumes noires, avec ganse noire et l'épée au côté, ont simplifié ce que l'ancienne tenue avait de théâtral et d'étrange.

Dès que le gouvernement français a nommé son viguier, il en donne avis officiel au syndic procureur général, président de la République; le viguier élu fixe le jour auquel il se rendra dans la vallée pour y être installé dans ses fonctions. Alors le conseil général est assemblé, par les soins du syndic, dans le palais du gouvernement, et, après la célébration de la messe qui précède tous les actes importants, messe à laquelle le viguier n'a pas le droit d'assister, puisque n'étant pas encore reconnu, il est étranger au gouvernement de la République, on l'envoie chercher par deux membres du conseil général, dans le logement où il s'est arrêté.

Le cérémonial veut qu'il traverse à cheval la vallée d'Andorre, escorté des nombreux amis qui l'ont accompagné. La fierté andorrane souffrirait si le viguier élu n'avait pas une suite nombreuse, démonstration, pour eux, du degré de considération dont il jouit dans sa patrie.

Quand le cortége est parvenu à la porte du palais, deux autres membres du conseil général viennent se joindre à leurs collègues ; ils introduisent le viguier et sa suite dans une grande salle où le conseil général tout entier est assemblé. A côté du syndic est placé un siége destiné au viguier : il est surmonté d'une image du Christ.

Parvenus au centre de la salle, les commissaires invitent le viguier à adorer Dieu ; ils se mettent à genoux aussitôt, ainsi que le viguier et tout son cortége ; seuls les membres du conseil souverain, choisis parmi les plus vénérables de la vallée, restent debout et découverts pendant cette adoration. Ce tableau saisissant serait bien fait pour impressionner ces esprits forts qui tentent, mais en vain, de jeter le doute sur des croyances qui ont fait le bonheur du monde.

Ce préalable solennel rempli, le viguier

prend la parole et termine son discours en demandant d'être mis en possession réelle et corporelle de la charge et autorité de viguier, dont il représente le titre. Le syndic répond à ce discours, recueille l'avis du conseil et *consent* à reconnaître et recevoir le viguier. Alors celui-ci, la main posée sur les saints Évangiles, promet et jure de rendre bonne et loyale justice, et de ne jamais porter atteinte aux priviléges de la vallée. Le notaire-greffier, qui remplit les fonctions de secrétaire du gouvernement, rédige le procès-verbal de toutes ces formalités, et transcrit, sur les registres publics, l'ordonnance de nomination du viguier. Aussitôt le syndic présente au viguier une liste de six candidats sur laquelle il doit choisir un bayle. Le cortége se rend ensuite dans la chapelle du palais pour y rendre ses actions de grâces.

Après ce cérémonial, un grand dîner d'apparat est servi aux frais des Andorrans ; à ce dîner, duquel les femmes sont rigoureusement exclues, sont admis, outre le viguier nouvellement installé, les amis qui lui ont servi d'escorte, le viguier de l'évêque d'Urgel, les membres du conseil général, et le notaire-greffier, secrétaire du gouvernement.

A l'issue de ce repas, qui a lieu dans la grande salle des cérémonies, le viguier français offre à l'assemblée, comme le veut un usage immémorial, un dessert appelé *collation*, et qui se compose de fruits confits, dragées, pralines, gâteaux et liqueurs. Les Andorrans sont très sensibles à ces politesses gracieuses, dont ils savent user largement, car ces sucreries sont peu en usage dans leur vie habituelle, sobre de toute raffinerie de goût.

Nous pensons qu'il convient de faire ressortir ici combien est honorable et digne la réception faite au viguier français pour son installation : la République n'affecte, à son égard, aucune prétention, et ne le soumet à aucune formalité pénible ; il n'est rien fait de pareil pour le viguier d'Espagne, qu'on installe sans cérémonie ; il faut même remarquer que lorsqu'un nouveau titulaire est nommé à l'évêché d'Urgel et qu'il vient faire sa première visite dans la vallée, les Andorrans se rendent en masse à la frontière, et Sa Grandeur n'est admise à fouler le territoire qu'après en avoir baisé le sol et juré fidélité à la constitution.

La République a des défiances contre le gouvernement espagnol, qui a tenté quelquefois de se l'incorporer, et qui, assure-t-on encore aujourd'hui, n'a pas renoncé à ce dessein.

Comme nous l'avons dit, chaque viguier entrant en fonctions désignait un bayle ou juge de paix ; ce choix était le premier acte de leur autorité.

Aujourd'hui, les viguiers forment la liste des candidats, et c'est le syndic général qui désigne et institue les bayles.

La charge de viguier est purement honorifique ; il n'en fut pas ainsi de tous les temps, car l'accord de 1728 porte que : « L'évêque d'Urgel aura le quart et le comte de Foix les trois quarts des émoluments de la justice, qui serait rendue par les deux viguiers, » ce qui semble impliquer que cette redevance tout entière, ou au moins une notable partie, représentait autrefois le traitement du viguier en exercice.

DE LA JUSTICE CORRECTIONNELLE

Nous avons dit que le viguier nommé par l'évêque d'Urgel doit toujours être choisi parmi les sujets andorrans, et la raison de ce choix ressortira des explications qui vont suivre.

Si un habitant de la vallée se rend coupable d'un fait répréhensible entraînant un pénalité quelconque, il est arrêté sur l'ordre donné par le viguier andorran, enfermé dans les prisons de la ville d'Andorre, et confié à une garde d'habitants requis à cet effet par le viguier.

Faisons remarquer ici que tout Andorran

est soldat, et, comme tel, obligé d'avoir un fusil de calibre en bon état et les munitions nécessaires, et qu'il doit les présenter à chaque inspection que le syndic croit devoir ordonner.

Le prévenu est immédiatement interrogé par le viguier en personne, et celui-ci peut faire entendre tous les témoins qu'il juge utile pour éclairer sa conscience. Ce préliminaire rempli, il donne avis à son collègue de France, en lui transmettant son appréciation sur la gravité du délit ou du crime. Si la peine encourue est une peine correctionnelle, le viguier français peut se dispenser de se rendre dans la vallée, l'usage ayant fait considérer comme légal, en pareil cas, le jugement rendu par un seul de ces hauts magistrats.

Il n'y a dans ce pays, où les bonnes mœurs font plus qu'ailleurs les bonnes lois, aucun texte écrit, de sorte que les viguiers ne suivent, pour former leur conviction, d'autres règles que celles qui leur sont tracées par la conscience; ils jugent en jurés, et lorsque, pour eux, la cause est suffisamment instruite, ils prononcent leur jugement et condamnent le coupable à la prison, dont ils doivent fixer la durée, et à une amende proportionnelle à la gravité du délit.

Le condamné doit fournir, au moment de sa condamnation, une caution pour garantir le payement de l'amende à laquelle il a été condamné. S'il ne trouvait pas de caution, ce qui est un cas extrêmement rare, il serait, à l'expiration de sa peine, maintenu en prison pour tout le temps que les viguiers jugeraient à propos de fixer. Les Andorrans, qui ont subi une peine correctionnelle, sont appelés *cautionnés*.

Mais ils rentrent dans la plénitude de leurs droits civils et politiques, sans qu'il reste aucune trace de leur flétrissure, à la tenue de la haute cour de justice, dont nous parlerons ultérieurement.

DE LA JUSTICE CRIMINELLE

Dès qu'un crime est commis dans la vallée, l'autorité qui en a la première connaissance use de tous les moyens en son pouvoir pour amener l'arrestation de l'accusé. Le viguier prend, de son côté, toutes les mesures convenables pour arriver au même but ; il peut, au besoin, requérir et mettre le pays tout entier en armes.

Sitôt que l'accusé est arrêté, le viguier, assisté du notaire-secrétaire de la vallée, procède aux interrogatoires, et avise sur-le-champ le viguier français, qui doit se rendre, sans délai, à son invitation; au cas d'empêchement momentané, la procédure est retardée. Si, au contraire, il arrive, il prend connaissance de la procédure, et continue l'instruction, d'accord avec son collègue. Lorsque leur conviction est formée, et que leur avis est d'infliger une peine infamante ou la mort, ils fixent au syndic le jour où la haute cour devra se réunir et se constituer, nul jugement, au grand criminel, ne pouvant être rendu sans son assistance.

Au jour fixé, le conseil général se réunit au palais de la vallée, dans la salle des séances solennelles ; les viguiers, revêtus de leur costume de cérémonie, sont introduits par quatre membres du conseil, ainsi que le juge d'appel mandé pour ces rares et graves circonstances. Une messe au Saint-Esprit est célébrée dans la chapelle du palais. A l'issue du divin sacrifice, le conseil général désigne deux de ses membres pour être présents aux opérations de la cour, afin de veiller à l'exécution exacte des formes et usages du pays. Cela fait, le conseil se sépare, et la cour se trouve constituée par la présence des deux viguiers, du juge d'appel des causes civiles, du notaire-greffier et secrétaire de la vallée, et des deux membres du conseil général désignés à cet effet.

Le juge d'appel qui, en cas d'absence, est

remplacé par un avocat du pays ou un avocat étranger, siége en qualité d'assesseur.

Un huissier est sans cesse présent à l'audience pour exécuter les ordres de cette cour souveraine, présidée par le viguier de France. Elle a le pouvoir de faire comparaître à sa barre toute personne qui pourrait fournir des renseignements sur le crime. Les témoins sont entendus après avoir préalablement prêté serment devant l'image du Christ de dire la vérité. L'accusé a, de son côté, le droit de faire entendre tous les témoins qu'il croit utile à sa défense ; il peut se faire assister d'un notaire ou de toute personne pour présenter sa défense ; cette personne est vulgairement désignée, dans la langue du pays, sous le nom de *bahonador*, ou parleur.

La dépense qu'entraîne la session de la haute cour, appelée la tenue des causes, est supportée par les *cautionnés* dont nous avons parlé au chapitre de la juridiction correctionnelle. Le cours de la justice ordinaire est suspendu pendant sa durée. Les bayles ou les consuls ou maires ne peuvent quitter leur domicile, parce qu'ils doivent toujours être prêts à faire exécuter les ordres de la cour.

Quand les débats sont clos, les viguiers seuls ont voix délibérative ; le juge d'appel émet son avis à titre de renseignement. Si les deux viguiers ne sont pas d'accord sur la sentence à prononcer, ils engagent l'assesseur à délibérer avec eux, et alors cè dernier a, comme les viguiers, voix délibérative. Aucune règle ne leur est imposée pour former leur conviction ; ils ne consultent que la voix de leur conscience. Ils ne peuvent, d'ailleurs, ètre guidés par rien dans l'application de la peine, car aucune loi pénale écrite n'existe dans la République d'Andorre.

Quand le jugement est arrêté, c'est l'assesseur qui le rédige, soit qu'il y ait directement concouru, soit que les viguiers seuls l'ait décidé. La cour alors donne avis au syndic qu'elle a terminé ses opérations ; celui-ci réunit à nouveau le conseil général de la vallée, et donne lecture de la sentence, sur la place publique de la ville d'Andorre, en présence des membres de la haute cour. Si la peine capitale a été prononcée, l'exécution a lieu sur cette même place, par un exécuteur mandé d'Espagne ou de France, selon qu'il s'en trouve un dans une des villes les plus rapprochées. Cette peine, terrible et bien rarement appliquée, s'opère par la strangulation.

Le coupable condamné aux galères était autrefois envoyé au bagne de Gibraltar, de Mahon ou de Sardaigne. Aujourd'hui, c'est en Espagne qu'il est conduit.

Les décisions de la haute cour ne sont assujetties à aucun appel ni révision ; elles sont exécutées dans les vingt-quatre heures qui suivent leur prononciation. Après cela, le conseil général se réunit encore aux membres de la haute cour, et la tenue des causes est close avec la même pompe qui a présidé à son ouverture.

Les prisonniers du grand criminel sont nourris aux frais de la République, tandis que les détenus correctionnellement doivent s'alimenter eux-mêmes; si, cependant, ces derniers n'avaient aucun moyen d'existence, sur un certificat d'indigence, qui leur serait délivré par le consul ou maire, la République pourvoirait à leur nourriture seulement.

Les frais nécessités par les procédures criminelles ne tombent pas, comme nous l'avons déjà dit, à la charge de la vallée; pour y parer, les viguiers font comparaître, devant eux, tous les individus qui ont subi des condamnations correctionnelles depuis la dernière tenue des causes, et qui sont connus sous la dénomination de *cautionnés;* on fait le calcul des sommes dues par eux, et, par approximation, de celles que nécessitent les frais de la procédure à instruire, et puis chacun des cautionnés est taxé au marc le franc; ils sont tenus de payer immédiatement leur quotité, et si quelqu'un s'y refusait, cas excessivement rare, il serait emprisonné sur l'ordre du viguier, jusqu'à ce qu'il eût payé sa part, ou bien jusqu'au jour où il aurait été exproprié de ses biens. Ce payement effectué, les cautionnés sont libérés de la surveillance à laquelle ils étaient soumis, et rentrent dans tous leurs droits de citoyens. La tenue des causes, quoique fort coûteuse, amène donc ce résultat : de rendre aux cautionnés leur état civil et de les laver de la flétrissure. Si, les frais de procédures payés, il demeure un reliquat, le viguier de l'évêque d'Urgel le reçoit et le garde à titre d'indemnité de son séjour forcé en Andorre ; s'il y a, au contraire, un déficit, MM. les viguiers doivent le combler eux-mêmes.

DES BAYLES

Nous avons dit que le premier acte de chaque viguier entrant en fonctions est la nomination d'un bayle, et nous avons fait connaître la modification introduite par l'usage dans la forme de ce choix.

Ces magistrats, habituellement pris parmi les membres du conseil souverain, parce que les citoyens qui le composent, tous pères de famille, sont les plus instruits et les plus honorés des habitants de la vallée, jugent seuls les causes ordinaires. Cette charge est purement honorifique ; la juridiction des bayles s'étend aux causes civiles, aux différends de toute nature qui naissent entre particuliers, aux contestations pour dettes et même à la diffamation ; en un mot, ils jugent tous les actes de la vie publique et privée des Andorrans, lorsque ces faits n'incombent pas à une juridiction spéciale ; il y a ceci de remarquable dans leurs attributions, que les plaideurs peuvent saisir indistinctement le bayle nommé par le viguier français, ou celui choisi par le viguier espagnol.

Le bayle est assisté dans l'exercice de ses fonctions par le notaire-greffier de la République. C'est celui-ci qui rédige les jugements et commet l'huissier pour faire toutes significations ou assignations, appeler les témoins, opérer les saisies, etc., etc. Sa charge est tout à fait analogue à celle de l'huissier en France ; seulement, la République d'Andorre, qui a conservé les traditions primitives, ne connaît pas le papier timbré, n'admet aucun frais de procédure, et ne possède pas ces lois fiscales qui rendaient si difficile en France l'accès de la justice aux plaideurs peu fortunés, avant l'heureuse création de l'Assistance judiciaire.

Le bayle a le droit de déférer le serment aux parties et aux témoins, et après les débats qui ont lieu sans plaidoiries, il juge d'après sa conscience, sans être astreint à aucune formalité particulière. Si la question en litige présente quelque grave difficulté, s'il s'agit, par exemple, d'une contestation sur un droit de propriété, alors il est d'usage que le bayle prenne l'avis d'un avocat expert dans les coutumes de la République ; il arrive même quelquefois qu'il soumet le différend à l'appréciation de quatre ou cinq vieillards, connus par leur probité et leur respect de la justice; on appelle ce genre de procédure prendre l'avis des anciens.

Les fonctions de bayle durent trois ans. Ce magistrat compose donc, à lui seul, la première juridiction, dans les causes que l'usage ne soumet pas à une juridiction spéciale. C'est l'image exacte de ce qu'en France nous appelons : premier ressort.

L'appel de leurs décisions est porté devant un magistrat appelé grand juge d'appel et souverain; il est seul pour tout le pays d'Andorre. La France et l'évêque d'Urgel le nomment alternativement. Nous avons dit que ce magistrat doit avoir pris ses grades d'avocat, et que ses fonctions sont à vie; il ne reçoit aucun traitement fixe, mais sa charge n'est pas sans lui donner d'assez beaux bénéfices, car il perçoit, selon la coutume du pays, quinze pour cent sur la valeur du litige. Cette quotité est prélevée avant que la partie qui a gagné son procès soit mise en possession de l'objet de la contestation.

Les formes de l'appel sont fort simples ; il suffit d'un acte rédigé par le notaire-greffier de la vallée ; mais, ce qui rend les appels fort rares, c'est d'abord les quinze pour cent à payer au juge, et puis encore les frais de déplacement des plaideurs, car le juge n'habite pas l'Andorre; il n'est pas obligé d'y venir pour rendre la justice, il faut donc aller le trouver à son domicile ; aussi s'en tient-on presque toujours à la décision du bayle, qui est sans frais.

Le titre de grand juge d'appel et souverain que prend le juge d'Andorre le place absolument, au point de vue de l'ordre des juridictions, dans la situation de nos cours souveraines; il représente le deuxième degré, et, tandis que, en France, les décisions des cours souveraines ou d'appel ne peuvent être déférées qu'à la cour de cassation, celles rendues par le juge d'appel, s'il est Français, sont soumises au président de la République directement; s'il est Espagnol, à l'évêque d'Urgel. Lorsque ce cas s'est présenté en France, et il s'y est produit fort rarement, le chef du pouvoir exécutif a renvoyé l'appréciation de l'affaire à la cour d'appel de Toulouse; c'est ce qui a eu lieu en 1821, à propos d'un droit de pacage sur la montagne de Puymaurin.

Le juge d'appel, comme le bayle, comme le viguier et comme la cour souveraine, n'est soumis à aucune forme particulière pour base de ses décisions; il consulte uniquement sa conscience, en se conformant, toutefois, à certaines coutumes en usage dans la vallée. La considération dont il jouit en Andorre, lorsqu'il y va, est fort grande; il est traité presque à l'égal du viguier. Cette considération s'explique du reste; car nous avons vu que, pendant la tenue des causes, c'est lui qui est l'âme de la cour; sa connaissance des lois, son habitude des affaires, son titre d'avocat, font, qu'en définitive, on peut dire que les décisions émanent véritablement de son initiative.

Nous avons parlé du notaire-greffier, secrétaire de la République, qui prend aussi le titre de procureur de la vallée ; il est choisi, pour remplir ces fonctions multiples, par l'évêque d'Urgel, quoique son choix doive alternativement émaner de la France et de l'évêque d'Urgel. Celui qui remplit, aujourd'hui, ces fonctions, est le citoyen Ignace Picart y Arrit ; son collègue se nomme Calvet.

Car deux notaires, seulement, fonctionnent dans l'étendue de cette République, et c'est l'un de ces officiers ministériels qui est désigné pour cette charge judiciaire ; elle n'est pas une sinécure, car, dans les jugements civils, il assiste le bayle ; il fait toutes les écritures préparatoires, absolument comme nos avoués en France, et de là lui vient le titre de procureur de la vallée ; il est chargé de veiller au maintien des formes, il tient la plume dans toutes les réunions du conseil souverain, rédige ses délibérations, dresse les procès-verbaux ; il est le conservateur des traditions nationales ; il n'est pas un acte du gouvernement auquel il ne participe d'une manière directe. C'est aussi lui qui, dans les requêtes que l'on adresse au bayle pour les affaires civiles, au conseil général pour les affaires publiques, et, enfin, au juge d'appel pour tout ce qui ressortit à sa juridiction, délivre aux intéressés les expéditions de tout papier public.

Tous les autres actes peuvent être retenus par l'un ou par l'autre des deux notaires de la vallée, selon la volonté des parties contractantes. Tous ces actes sont écrits sur papier libre, l'usage du papier timbré étant, comme nous l'avons dit, inconnu dans cette République.

Les Andorrans font souvent des transactions verbales ou sous seing privé ; les premières ont lieu en présence de deux témoins, et sont rédigées, en acte public, sur la demande de l'une des parties ; il suffit, pour cela, que les deux témoins en déclarent les diverses conditions à l'un des notaires de la vallée. Les secondes sont également converties en actes publics, lorsque l'une des parties va remettre son double à l'un de ces fonctionnaires.

L'emploi du notaire-greffier est le seul rétribué en Andorre ; il est fort lucratif, toutes ses écritures lui sont payées d'après un tarif fixe, mais convenablement élevé. Il a toute la confiance des Andorrans, car ils ont mis sous sa garde la conservation de leurs archives, et il faut dire, à la louange de cette petite population, que ses droits et sa constitution sont, pour eux, plus que leur existence même.

Disons encore que ce pays, affranchi de tout impôt autre que celui de 25 centimes par tête à la charge de tout Andorran, paie à la France une redevance annuelle de 960 francs en échange de certaines franchises sur les droits de douane, et 480 francs à l'évêque d'Urgel à titre de dîme. L'origine de cette dîme mérite d'être signalée : elle fut attribuée pour la moitié à l'évêque, par la cession que lui en fit Louis le Débonnaire, et l'autre moitié au chapitre de l'église cathédrale que les Maures avaient détruite, et que ce prince fit reconstruire à ses frais.

La moitié de la dîme de la ville d'Andorre (seule exempte de la juridiction de l'évêque) fut attribuée, sous le nom de droit carlovingien, qu'elle porte encore aujourd'hui, à Plandolit, un des principaux habitants, qui avait rendu de grands service à la France; elle est perçue, de nos jours, au même titre par don Guilhem, son descendant direct, l'un des plus riches propriétaires de la vallée.

La religion catholique est la seule qui y soit pratiquée. Pendant huit mois de l'année, toutes les nominations ecclésiastiques appartiennent au Saint-Siége, qui y nomme sur la présentation de l'évêque d'Urgel; pendant les autres quatre mois, c'est l'évêque seul qui élit ; chaque curé reçoit un traitement fixe fort modique de l'évêque ; ce traitement est augmenté du produit des fondations attachées à chaque cure ; mais chaque paroisse paie ses vicaires au moyen d'un abonnement. Le vicaire est obligé de tenir une école primaire gratuite pour les garçons seulement ; leur éducation se borne à savoir lire et écrire une lettre dans l'idiome catalan. Cependant, quelques jeunes gens, destinés à la prêtrise ou à quelques emplois en Espagne (ce qui arrive rarement), suivent leur cours de latin à Urgel ; trois ou quatre sont reçus gratuitement à l'école des frères de Toulouse, et cinq ou six sont instruits par privilége spécial du gouvernement français, et logés gratuitement dans les colléges de Foix, Tarbes et Toulouse.

Les paroisses possèdent des biens communaux qui sont de riches dépaissances ; elles sont affermées par adjudication annuelle à des Français ou à des Espagnols ; le produit de ces fermages forme le revenu de la vallée, et ce revenu suffit aux besoins de son administration. Les registres des naissances, baptêmes, mariages et décès, sont uniquement tenus par les ecclésiastiques ; aussi ne connaît-on pas de mariage civil ; le notaire seul intervient à cet acte pour constater les donations réciproques que se font les époux.

Comme la plupart des habitants du val se marient entre eux, il faut, le plus souvent, obtenir des dispenses de la cour de Rome, en raison de la parenté.

Quelques-uns se rendent à la Ville Éternelle pour hâter l'accomplissement des formalités voulues, et, dans ce cas, lorsque tout est régularisé, une dame romaine se présente à l'autel et reçoit la bénédiction pour la femme andorrane, qu'elle est chargée de représenter.

L'industrie de ce pays, si peu connu et pourtant si intéressant à étudier, en raison de ses mœurs et de ses coutumes, restées les mêmes depuis tant de siècles, consiste dans l'élevage des mules, dans celui de l'espèce ovine et bovine et dans la récolte et la fabrication du tabac, qui est son principal élément de richesse et de prospérité. L'étendue totale de son territoire est de 500 kilom. carrés. Les rivières de l'Embalire et de l'Ordino la traversent dans toute sa longueur ; ces deux rivières, qui prennent leur source assez loin l'une de l'autre sur la frontière française, vont se réunir un peu au-dessus de la petite ville d'Andorre.

L'eau de l'Embalire possède un mérite particulier pour les couleurs, ayant un mordant ferrugineux qui les fixe d'une manière durable. Par exemple : la dissolution de bleu de Prusse, élaborée avec cette eau, a non-seulement une couleur superbe, mais ne rougit même pas sous l'action des acides faibles.

Le sol de l'Andorre est un terrain de transition, c'est-à-dire très riche en minerais de toute sorte, notamment de fer, de plomb argentifère et de cuivre. On y trouve des marbres différemment colorés, des schistes ardoisiers, des grès et quantités de calcaires de toute espèce.

Il ne faut donc pas, comme l'ont fait certains écrivains, dire que la pauvreté des terres de l'Andorre est proverbiale, lorsque, au contraire, elles contiennent des richesses considérables, et qu'à ce côté utile se joint la splendeur des sites et la beauté si diverse du paysage.

Là, chaque famille reconnaît un chef héréditaire dans l'aîné, quel que soit son sexe; les autres enfants n'ont qu'une part insignifiante dans l'héritage commun, et pas un ne se plaint ; ils obéissent et chérissent celui qu'ils regardent comme leur maître, leur patron, leur guide, et ne quittent le domicile paternel que lorsqu'ils trouvent une héritière à épouser. Aussi faut-il dire, à la louange des chefs de famille andorrans, qu'ils sont pleins de de bonté et de douceur pour leurs cadets, et qu'il n'est pas rare de les voir faire d'importants sacrifices pour assurer leur établissement.

Cette stabilité des mœurs féodales explique comment les principales maisons de la vallée comptent plus de 800 ans d'antiquité, sans avoir subi ni diminution, ni augmentation de fortune; du reste, ces fortunes, hormis une seule, celle de don Guilhem, qui serait considérable en tous pays, ne dépassent pas 100 à 150,000 francs, et le nombre en est fort restreint.

Leurs fêtes patriarcales sont remarquables d'ordre et de simplicité; les jeunes gens louent des musiciens qui viennent d'abord à l'église, accompagnent les chants sacrés; à leur sortie, les consuls les conduisent sur la place publique, et donnent le signal des danses, dont le caractère est grave et réservé ; elles finissent à l'heure des vêpres. Ces amusements sont toujours présidés par les anciens; aussi la vieillesse est-elle fort respectée en Andorre ; ils ont coutume de venir, chaque année, resserrer les liens de fraternité avec les habitants de Siguier, petit bourg voisin de Vicdessos, dans le département de l'Ariége, et là, les principaux Andorrans et les conseillers municipaux du lieu font la partie *officielle* de quilles, et boivent à l'union des deux grandes familles.

Ils sont très adroits en affaires et les font toujours précéder de quelques cadeaux, proportionnés à l'importance de l'opération à traiter.

Ils trafiquent beaucoup en France, et vont jusqu'en Bretagne et en Normandie acheter des chevaux et des mulets qu'ils passent en contrebande en Espagne. On trouve, à San-Julia, quelques grands magasins de rouennerie et de mercerie.

Le syndic général actuel, il senor don Nicolas Duedra, est relativement riche, paie de mine, et a reçu une éducation assez bonne pour, au besoin, discuter les intérêts de la vallée, soit avec le viguier de France, soit avec l'évêque d'Urgel. Ses prédécesseurs étaient des hommes fort ordinaires.

Ce pays a toujours tenu à honneur de relever de la France ; car, après la Révolution de 1789, qui avait rompu tout lien avec eux, les Andorrans attendirent le retour d'un pouvoir régulier, et présentèrent, en 1801, une requête afin d'obtenir un viguier français. Cette pièce, conservée aux archives de la préfecture de l'Ariége, est signée par deux membres du conseil souverain : don Juan Poussy d'Ordino et don Picard d'Encamp.

Les armes de la République, que l'on retrouve encore aujourd'hui sur tous les actes publics qu'il est d'usage de sceller, sont celles de la maison de Foix et de l'évêque d'Urgel, et se composent d'un écusson parti, surmonté d'une couronne de prince ; d'un côté se trouvent trois pals sur un champ d'or, dans le quatrième quartier deux vaches ; les pals sont les anciennes armes des comtes de Foix, auxquels ils accolèrent les vaches de Béarn, lorsque les rois de Navarre héritèrent des comtes de Foix. Dans l'autre partie sont la mitre et la crosse de l'évêché d'Urgel.

La pièce la plus importante et la plus curieuse des archives de ce petit pays, qui contient les constitutions de Charlemagne et de Louis le Débonnaire et le sceau de Louis le Gros, est un manuscrit fort volumineux, écrit dans la langue du pays, qui est un mélange de catalan et de patois de la province de Foix, et qui se compose de la narration des principaux faits arrivés sous chaque syndic, rédigés par ces magistrats, sans suite ni méthode ; il ne peut jamais sortir du palais de la vallée, et, pour le comprendre, il faut avoir des connaissances locales qu'un étranger ne peut que difficilement posséder. Il est enfermé dans une armoire fermée par six serrures, dont les six clefs sont gardées par les six consuls des paroisses ; c'est là ce qui représente la fameuse armoire de fer, complaisamment créée par l'imagination des romanciers ; les manuscrits qu'elle contient sont écrits sur des lames de plomb, des feuilles de palmier ou du parchemin très fort; les couvertures ont des fermoirs énormes.

Quant au palais de la vallée, il se compose d'un bâtiment carré long, style roman primitif, à croisées carrées, avec quatre façades et petite tourelle.

On y remarque la petite chapelle dédiée à saint Armingol, qui est élégamment tenue.

Le rez-de-chaussée sert de prison.

L'inscription, illisiblement gravée sur pierre au fronton de l'édifice et dont on a conservé la copie, est ainsi conçue.

Virtus unita fortiori,

Une mitre : *Religion, évêché d'Urgel,*

Comté de Foix : deux vaches;

Agriculture.

Suspice, sunt vallis nutrius stemmati;
Suntque regna quibus gaudent nobiliorat egi;
Singula, si populos alios, Andorra, bearunt,
Quidni junctà simul ferunt aurea sœcla tibi.

TRADUCTION LOCALE

Regarde, ce sont là les armoiries de la vallée neutre;
Il y a des royaumes plus grands qui aiment à en faire parade;
Si chacun de ces insignes a fait des peuples heureux,
Pourquoi ne te donneraient-ils pas, ô Andorre, un siècle d'or.

C'est Gaston Phœbus, comte de Foix, qui fit construire cet édifice, vers l'an 1100.

L'habillement des Andorrans est fort simple et subit peu de changement : la laine de leurs troupeaux en fait tous les frais ; il se compose, pour les hommes, d'une culotte courte, d'une veste plus courte encore, à collet droit, le béret long et rouge, servant de blague et de portefeuille, orne leur tête ; par coquetterie, il est retourné en plis multiples sur le front. Les chaussures sont habituellement les espadrilles, quelquefois le soulier de cuir. L'Andorrane est plus modeste ; avec de la propreté, elle représenterait assez bien : sa physionomie est régulière et sa taille élevée.

Cependant, il est un costume de cérémonie

toujours le même, avec lequel les dignitaires remplissent leurs fonctions : il se compose d'un manteau de couleur brune, doublé en drap cramoisi, avec des manches dans lesquelles ils passent les bras : le revers cramoisi doit être retourné en dehors. Ce costume est à la fois imposant et pittoresque, et sait imposer un air respectable à celui qui en est revêtu. L'Andorre compte quatre familles nobles : celle de don Calvo, don Juan Antonio, Joaquin de Riba et don Guilhem, qui est baron en Espagne. Ces familles possèdent chacune une église privilégiée.

Les mœurs sont très sévères dans cette République, et tout homme libre qui tromperait une fille serait tenu de l'épouser, quelle que fût sa position. Ce cas s'est, du reste, fort rarement présenté.

Nous n'examinerons pas l'intérêt politique, militaire et commercial qu'il peut y avoir pour la France à conserver l'indépendante neutralité de cette République qui, par sa situation géographique, ses mœurs et son langage, semble appartenir à l'Espagne.

Une autre vallée voisine existait autrefois dans les mêmes conditions d'indépendance, et, quoique française par sa situation, elle s'est donnée à l'Espagne, qui avait su conquérir ses sympathies.

Il nous semble que la frontière des Pyrénées décidément abattue par le fait de réseaux de chemins de fer unissant la France et l'Espagne, serait un bienfait général. Aussi, espérons-nous que ces faciles voies de locomotion ne tarderont pas à fonctionner, grâce à la Compagnie parisienne dite du Val d'Andorre.

Cette Compagnie, dont nous désirons le succès, tout en exploitant les richesses de ce pays, créera ainsi la ligne ferrée la plus courte entre Paris et Madrid, Toulouse et Barcelone.

Elle exploitera les sources thermales si nombreuses et si renommées de l'Andorre, et, unissant l'agréable à l'utile, elle réunira, pour les baigneurs et les touristes, toutes les distractions qu'ils allaient chercher à Spa, Bade, Wiesbaden, Hambourg, Nauhem, etc.

Nous serions ingrats si, en publiant cette notice, nous ne déclarions pas bien haut que les notes fournies par M. le chevalier de Rousilliou, ancien viguier d'Andorre pour la France, aimable vieillard octogénaire, qui a conservé toute la verdeur et l'aménité charmante d'une autre époque, nous ont puissamment aidé dans notre travail.

Nous devons aussi des remerciements sincères, au même titre, à M. Lucien Saint-André, son successeur, et l'un des plus importants propriétaires et maître de forges de ce pays.

Les liens d'amitié qui unissent nos deux familles ne sont nullement exclusifs de cet hommage public rendu aux indications précieuses qu'il a bien voulu nous fournir.

Le viguier actuel, M. le vicomte de Foix, a bien mérité du pays, car il a su conquérir l'estime de tous les Andorrans, et augmenter ainsi le prestige de la France au sein de cette antique République, qui pourrait servir de modèle à de bien grands États.

Il a déjà reçu du département de l'Ariége une première marque de sympathie par son élection presque unanime au conseil général, c'est sans doute pour lui une première étape qui le conduira à la première Assemblée nationale.

Si l'on nous demande pourquoi nous avons publié ce travail, nous répondrons avec franchise que la curiosité nous a d'abord conduit en Andorre, sans projet et sans but arrêté, mais que l'aspect de ce pays, le calme dont il jouit, l'accueil que nous y avons reçu, nous ont engagé à dire la vérité tout entière sur ce pays, que l'un des derniers souverains qui ont gouverné la France ne connaissait que de nom, lors de son avènement à la couronne; aussi écouta-t-il, comme on écoute un conte de fées, le rapide et incomplet tableau que lui en fit un député, arrivé aujourd'hui aux grandes fonctions de la magistrature.

Et cependant ce souverain était protecteur de la République, et avait nommé un viguier pour y exercer et maintenir ses droits et prérogatives !...

MORESNET

MORESNET

ORESNET, encore un petit État indépendant, une sorte de République à l'instar de celles d'Andorre et de Saint Marin, dont nous allons faire connaître l'existence et tracer à grands traits la très-véridique et très-modeste histoire.

A quelques lieues de Verviers (Belgique)

existait, de temps immémorial, un vaste territoire, ayant ses coutumes particulières, dont nous avons retrouvé les originaux à l'hôtel de ville de Liége. On l'avait dénommée : « La commune franche de Moresnet. »

Comment, en vertu du traité des limites du 26 juin 1816, ce territoire franc a-t-il été divisé en trois parties? C'est une question qui n'a peut-être jamais été posée, parce qu'elle ne pesait pas d'un poids assez important dans l'équilibre européen, et que les petits souffrirent toujours de l'appétit des grands.

Quoi qu'il en soit, le fait de ce partage est constant.

Une partie, cédée à la Belgique, forme actuellement la commune de Moresnet-Belge ; une autre, abandonnée à la Prusse, est désignée sous le nom de Moresnet-Prusse.

Reste la portion qu'aucun des deux royaumes n'a osé ou voulu s'attribuer, et qui est constitué en territoire neutre et indépendant.

C'est la République en miniature appelée

Moresnet, ayant une population de 2,800 habitants.

Ce territoire qui, d'après les traités, ne peut être occupé militairement par aucune des deux puissances, est soumis à une administration *commune*, confié à deux commissaires, l'un Belge, l'autre Prussien.

Nous retrouvons là les deux viguiers d'Andorre, l'un Français, l'autre Espagnol.

Un bourgmestre, nommé par les deux commissaires, est chargé de l'état civil et de la police judiciaire. La police proprement dite est réservée aux deux commissaires même.

C'est ici le bayle nommé par les deux viguiers, qui ont aussi la haute police dans leurs attributions.

« Les attributions relatives à cet objet du service public, disent les conventions, seront exercées par les deux commissaires, de telle sorte qu'ils auront à se concerter seulement sur la marche générale à suivre par eux pour le maintien de la police, tandis que, pour le reste, chacun d'eux est autorisé, dans chaque cas particulier exigeant les gendarmes de part ou d'autre, à délivrer *spontanément* et *exclusivement*, c'est-à-dire *indépendamment l'un de l'autre*, les ordres nécessaires, parce qu'il faut éviter, de crainte de conflits, que les gendarmes, de l'un ou de l'autre pays, agissent de leur propre mouvement. »

Le pouvoir législatif appartient aux deux souverains protecteurs; ils peuvent rendre des arrêtés *spéciaux*, qui ont force de lois, quoique les lois belges et prussiennes n'y soient pas obligatoires.

Les affaires civiles ou criminelles peuvent être indifféremment portées, au choix des parties intéressées, devant les tribunaux belges ou prussiens, et les officiers ministériels des deux nationalités peuvent instrumenter au même titre; seulement, si l'acte conférant hypothèque a été retenu par un notaire belge, c'est au bureau de la conservation de Verviers qu'elle doit être inscrite, tandis qu'elle le serait à Montjoie si elle émanait du notaire prussien.

Ceux des habitants qui ont, dès l'origine, habité ce territoire et leur descendance ne sont pas soumis à la conscription, tandis que les Belges ou Prussiens, qui sont nouveaux venus, restent assujettis aux lois militaires de leur pays respectif.

Les produits et marchandises des deux gouvernements protecteurs entrent en franchise sur le territoire de Moresnet; ils devraient payer un droit de sortie, à moins qu'on n'eût obtenu une dispense spéciale de l'un des ministres des finances belge ou prussien.

La religion catholique est généralement professée par les habitants de Moresnet; aussi le spirituel ressortît à l'évêque de Liége. Le clergé se compose, du reste, d'un curé et d'un vicaire, personnel suffisant pour cette petite population, dont la tenue dans l'église est admirable, et qui se fait remarquer par sa politesse, son amour du travail et ses bonnes mœurs.

C'est sur le terrain neutre de Moresnet qu'est située la riche mine calaminaire, dont l'exploitation a été cédée à la Société de la Vieille-Montagne.

On trouve chez cette petite population un accueil cordial et hospitalier; on se plaît à faire au touriste les honneurs de ce sol libre et fertile; et nous croyons entendre encore le concert de louanges que les habitants élevaient autour de leurs deux commissaires ou viguiers, M. Cremer, président du tribunal de Verviers, pour la Belgique, et M. Gülcher, landrath à Eupers, pour la Prusse.

Existe-t-il encore en Europe quelqu'autre petit territoire privilégié à l'abri des luttes politiques et des emportements des partis? Nous l'ignorons, et nos recherches ne nous ont jusqu'ici donné aucun résultat.

Mais si la Providence nous indiquait encore une nouvelle oasis, nous irions la visiter avec le même enthousiasme que mettait ce philosophe grec à contempler le vieillard de l'Attique, dont la bouche ne proféra jamais une parole amère et proclama sa reconnaissance à l'égard du prince qui lui avait donné le champ où il puisait sa subsistance et dans le sein duquel devait reposer ses os.

www.ingramcontent.com/pod-product-compliance
Ingram Content Group UK Ltd.
Pitfield, Milton Keynes, MK11 3LW, UK
UKHW020943180726
13838UKWH00003B/1097

9 782329 280660